AF454556

DECLARATION

DV ROY, PORTANT

continuation aux Ecclesiastiques
de rachepter pendant cinq années
les biens de leurs Benefices, qui
ont esté cy deuant vendus & alienez, auec Reglement pour les
meliorations.

A PARIS,

Chez ANTOINE VITRAY, Imprimeur ordinaire du Roy, & du
Clergé de France.

M. DC. XXXIX.

Auec Priuilege du Roy.

(26)

DECLARATION DV

Roy, portant continuation aux Ecclesiastiques de rachepter pendant cinq annees les biens de leurs Benefices, qui ont esté cy-deuant vendus & alienez, auec reglement pour les meliorations.

LOVIS par la grace de Dieu Roy de France & de Nauarre. A tous ceux qui ces presentes Lettres verront, Salut: Sçauoir faisons, Que par Lettres patentes en forme d'Edict du mois de Decembre 1606. le feu Roy nostre tres-honoré Seigneur & Pere, permit aux Ecclesiastiques & Beneficiers de cettuy nostre Royaume, de rachepter dans les cinq annees suiuantes les domaines, terres, & possessions alienees & desmembrees du domaine de leurs Benefices, depuis les quarante - quatre annees precedentes, en rembourſant les ac-quereurs, leurs heritiers,& ayans cau-ſe en vn ſeul payement du ſort princi-pal, meliorations, frais & loyaux couſts, & ce faiſant reünir leſdits do-maines à leurs Benefices, à l'execu-tion duquel Edict s'eſtant rencontré pluſieurs difficultez, & leſdits Eccle-ſiaſtiques n'ayans eu moyen de jouïr de l'effect d'iceluy dans le temps y mentionné, nous prorogeaſmes la-dite faculté pour deux ans, par nos Lettres du mois de Septembre 1613. & depuis par autres nos Lettres paten-tes de Septembre 1616. Decembre 1625. & Ianuier 1633. nous auons diuer-ſes fois prorogé la meſme faculté de cinq en cinq ans. Toutesfois les Agents generaux du Clergé de noſtre Royaume nous ont tres - humble-ment remonſtré, Que la pluſpart des

Beneficiers n'ont peu jouïr de l'effect desdites permissions, tant à cause des guerres suruenuës en nostre Royaume, que pour la pauureté de la pluspart d'iceux : Nous supplians tres-humblement leur vouloir encores proroger & continuer ladite faculté pour le temps & espace d'autres cinq annees, & ordonner que lors qu'ils retireront quelque heritage ou domaine aliené, les meliorations & reparations que les acquereurs y auront faites volontairement, & sans les formes de Iustice ne pourront entrer au prix qui sera remboursé ; d'autant que par ce moyen ladite faculté en plusieurs lieux leur seroit inutile & frustratoire, lesdits acquereurs faisans ordinairement plusieurs reparations & meliorations qù'ils feignent estre necessaires, pour accroistre excessiuement le prix desdits heritages & domaines, afin d'en rendre le rachapt impossi-

A iij

ble , & fe les approprier incommuta-
blement, ou du moins que de celles
qui auront efté neceffaires, & auf-
quelles on aura obferué les formes
& folemnitez requifes, quoy qu'elles
ayent efté faites par diuerfes perfonnes, & en temps differends, il n'en fera neantmoins fait qu'vn feul & mefme eftat. Et pour donner plus de
moyen aufdits Ecclefiaftiques de rachepter lefdits domaines alienez,
permettre à ceux qui n'auront pas le
moyen d'en aduancer les deniers de
prendre de l'argent à rente, & pour
feureté defdites rentes y hypothe-
quer les domaines qu'ils retireront,
& accorder à ceux qui pourront aduancer les deniers, qu'ils jouïffent
leur vie durant du reuenu & profit
defdits biens par eux ainfi retirez,
fans que pour ce les Religieux de
leurs Benefices, ou autres, puiffent
pretendre aucune part en ladite jouïf-

fance, ny augmentation de leur men-
fes ou penfions, & nous ont requis
en outre lefdits Agents, qu'il nous
pleuft comprendre en la prefente Declaration lefdits Beneficiers de noftre
pays de Bearn & baffe Nauarre, pour
jouïr par eux des mefmes facultez,
graces & priuileges contenus efdits
Edicts, Lettres & Declaration: Et au
furplus de conferuer lefdits Ecclefiaftiques en toutes les autres graces,
droicts, & conceffions portees par
lefdites Lettres : A quoy defirant
pourueoir & fauorifer autant que
nous pourrons la conferuation & l'ac-
croiffement defdits biens Ecclefiaftiques. De l'aduis de noftre Confeil, &
de noftre certaine fcience, plaine puif-
fance & auctorité Royale : Novs
auons par ces prefentes fignees de
noftre main prorogé & continué, pro-
rogeons & continuons aufdits Ecclefiaftiques & Beneficiers de cettuy no-

ftre Royaume, pour le temps & terme de cinq annees, à compter de ce
iour la faculté à eux octroyee par nos
fufdites Lettres, de rachepter lefdits
domaines, biens, rentes, & reuenus
alienez & vendus, pendant & depuis
ledit temps de quarante-quatre ans
porté par ledit Edict du mois de Septembre 1606. pour en jouïr durant
ledit temps par lefdits Ecclefiaftiques
& Beneficiers, & de toutes les claufes
& conditions portees par ledit Edict
de 1606. celuy de l'annee 1613. & autres
nos Lettres fur ce à eux octroyees,
nonobftant que le temps pour ce cy-
deuant accordé aufdits Beneficiers
foit expiré, & que par les Arrefts de
verification il ait efté dit, que le temps
de cinq ans feulement, & fans efpe-
rance d'autre renouuellement de de-
lay, laquelle modification nous auons
de nos grace, pouuoir, & auctorité
fufdite, leuee & oftee, leuons & oftons
par

9

par cefdites prefentes. ORDONNONS
que les meliorations & reparations
faites en fraude fur lefdits domaines
alienez, & fans y auoir obferué les
formes & folemnitez requifes & ac-
couftumees, ne tiendront aucun lieu
enl'eftimation du prix defdits domaines qui feront racheptez & retirez,
& que de celles où auront efté obfer-
uees les formes & folemnitez neceffaires, quoy qu'elles ayent efté faites
par diuerfes perfonnes, & en temps
differends, il n'en fera neantmoins
fait qu'vn feul & mefme eftat. Ac-
CORDONS à ceux defdits Ecclefiaftiques, qui pour le rachapt defdits
domaines alienez auront pris de l'argent à rente, qu'ils puiffent reüniffant
lefdits biens à leurs Benefices, les hy-
pothequer iufques à la concurrence,
& pour feureté defdites rentes feulement, & à ceux qui auront moyen
d'en aduancer les deniers, qu'ils jouïf-

sent des reuenus desdits biens par eux ainsi racheptez leur vie durant, sans que pour ce les Religieux desdits Benefices, ou autres, puissent pretendre aucune part en ladite jouïssance, ny augmentation de leurs menses ou pensions pendant ledit temps. Vovlons en outre, & ordonnons que lesdits Beneficiers de Nauarre & Bearn ayent pendant ledit temps la mesme faculté du rachapt de leurs domaines alienez, & jouïssent des mesmes graces & priuileges contenus aux susdits Edicts, & en la presente Declaration. Si donnons en mandement à nos amez & feaux Conseillers les Gens tenans nostre grand Conseil, que ces presentes ils fassent lire, publier & enregistrer, & du contenu en icelles jouïr & vser lesdits Ecclesiastiques & Beneficiers de nostredit Royaume de Nauarre & Bearn plainement & paisiblement, sans permettre qu'il leur soit fait, mis ou don-né aucun trouble ny empeschement; nonobstant oppositions ou appella-tions quelsconques, pour lesquelles & sans prejudice d'icelles ne voulons estre differé. CAR TEL EST NOSTRE PLAISIR. En tesmoin dequoy nous auons fait mettre nostre seel à cesdi-tes presentes. DONNE' à Sainct Ger-main le septiesme iour de Septembre, l'an de grace mil six cens trente-huict, & de nostre regne le vingt-neufiesme. Signé, LOVIS. Et sur le reply, Par le Roy, DE LOMENIE. Et à costé est escrit, Enregistrees és Registres du grand Conseil du Roy, suiuant & aux modifications portees par l'Arrest ce jourd'huy donné en iceluy. A Paris le quinziesme iour de Nouembre mil six cens trente-huict. Signé, COLLIER.

EXTRAICT DES REGISTRES
du grand Conseil du Roy.

VR la Requeste presentee au Conseil par les Agents generaux du Clergé de France, du 17. Septembre 1638. tendant afin que les Lettres du 7. desdits mois & an, contenant la faculté octroyee aux Ecclesiastiques de ce Royaume, & autres Beneficiers de Nauarre & Bearn pendant le temps de cinq ans, de retirer & reünir à leurs Benefices les domaines qui en ont esté alienez, soient enregistrees és Registres dudit Conseil, pour jouïr par lesdits Ecclesiastiques & Beneficiers, de l'effect & contenu en icelles selon leur forme & teneur. VEV par le Conseil ladite Requeste, lesdites Lettres par lesquelles le Roy auoit prorogé & continué aus-

dits Ecclesiastiques & Beneficiers
pour le temps & terme de cinq ans,
du iour & datte desdites Lettres, la
faculté de rachepter lesdits domaines, biens, rentes & reuenus alienez
& vendus, pendant & depuis le temps
de quarante-quatre ans, porté par
l'Edict du mois de Decembre 1606.
pour en jouïr par eux durant ledit
temps de cinq ans, aux clauses & conditions contenuës par ledit Edict, celuy de l'annee 1613. & autres Lettres
sur ce à eux octroyees, & que les Beneficiers de Nauarre & Bearn auront
pendant ledit temps la mesme faculté: Conclusions du Procureur general du Roy. LE CONSEIL ayant es-
gard à ladite Requeste, a ordonné &
ordonne, que lesdites Lettres seront
enregistrees és Registres dudit Conseil, pour jouïr par lesdits Ecclesiastiques de l'effect & contenu en icelles
comme ils ont fait par le passé, & aux

modifications portees par les Arrests
dudit Conseil, fors & excepté pour
les biens & domaines alienez qui auront esté vendus par decret forcé &
non volontaire, esquels lesdits Ecclesiastiques & Beneficiers ne se seront
opposez, en vertu de la faculté à eux
accordee, lesquels ils ne pourront retirer qu'en remboursant le prix prin-
cipal de l'adjudication, frais & loyaux
cousts, impenses & meliorations vti-
les & necessaires à vn seul payement.
Le present Arrest a esté mis au Greffe
dudit Conseil, monstré au Procureur
general du Roy, & prononcé à Paris
le 15. iour de Nouembre mil six cens
trente-huict. Signé COLLIER.

*Collationné aux Originaux par moy Conseil-
ler du Roy, & Secretaire de ses Finances.*

Extraict du Priuilege du Roy.

LE Roy par ſes lettres patentes , a permis à Antoine Vitray ſon Imprimeur ordinaire & du Clergé de France, d'imprimer tous les *Edicts, Declarations, Lettres patentes, Arreſts, & autres choſes generalement quelsconques concernantes les affaires dudit Clergé*, & ce pour le temps de ſeize ans. Auec deffences à tous autres de les imprimer , faire imprimer, contrefaire, ny en vendre d'autre que de l'impreſſion dudit Vitray , à peine de trois mil liures d'amende, confiſcation des exemplaires, deſpens, dommages, & intereſts : comme il eſt plus à plein contenu eſdites lettres données à Paris le 20. jour d'Aouſt 1635. Signées par ſa Majeſté en ſon Conſeil, VICTON.